D1222326

DÉCOUVRONS...

INDE

Texte original de David Cumming
Adaptation française d'Étienne Léthel
Photographies de Jimmy Holmes
Illustrations de Peter Bull

GRÜND

Ci-contre *Jaisalmer, au Rajasthan, est parfois appelée la « Ville d'or », en raison des nombreux édifices bâtis dans un grès doré qui s'y trouvent.*

GARANTIE DE L'ÉDITEUR

Adaptation française d'Étienne Léthel
Texte original de David Cumming
Photographies de Jimmy Holmes
Illustrations de Peter Bull

Première édition française 1991 par Librairie Gründ, Paris
© 1991 Librairie Gründ pour l'adaptation française
ISBN : 2-7000-4484-3
Dépôt légal : février 1991
Édition originale 1989 par Wayland (Publishers) Ltd
sous le titre original *India*
© 1989 Wayland (Publishers) Ltd
Photocomposition : Bourgogne Compo, Dijon
Imprimé en Italie par G. Canale & C.S.p.A
Relié en Belgique par Casterman S.A.
Loi n° 49-956 du 16 juillet 1949 sur les publications destinées à la jeunesse.

Sommaire

1. Présentation 4

2. Géographie et climat 6

3. Faune et flore 8

4. Un peu d'histoire 10

5. La religion 12

6. La population 14

7. Les villes 18

8. La vie rurale 20

9. Grandir au village 22

10. Grandir en ville 24

11. La scolarité 26

12. L'alimentation 28

13. Sports et loisirs 30

14. Arts et culture 32

15. L'agriculture 34

16. L'industrie 36

17. Les transports 38

18. La santé 40

19. Le système politique 42

20. L'Inde face à l'avenir 44

   Glossaire 46

   Pour en savoir plus 47

   Index 48

Les mots apparaissant en **gras** dans le texte sont expliqués dans le glossaire p. 46.

INDE

1 Présentation

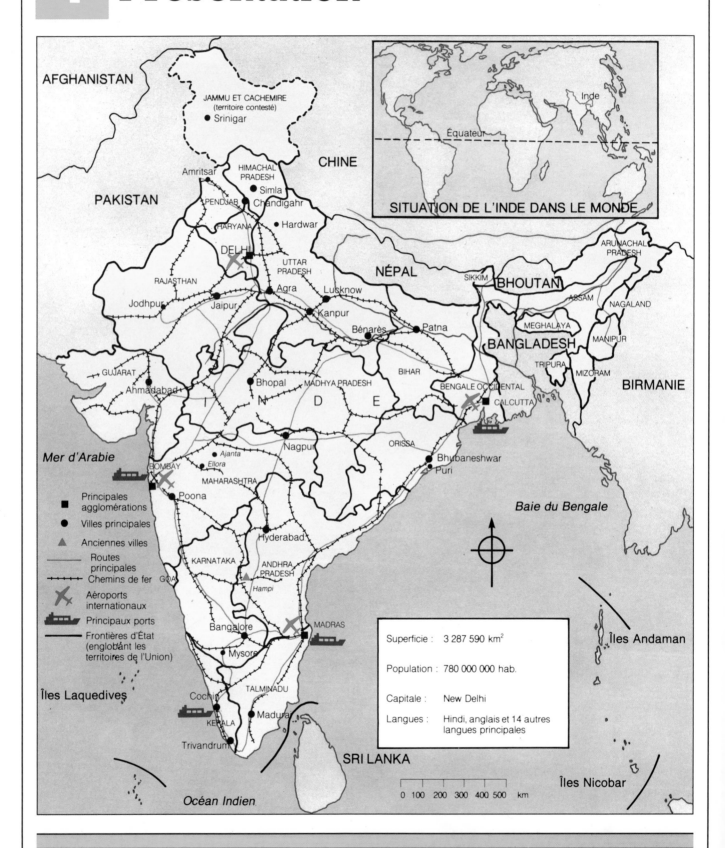

AFGHANISTAN

JAMMU ET CACHEMIRE
(territoire contesté)
● Srinigar

CHINE

PAKISTAN

Amritsar

HIMACHAL
PRADESH
● Simla
Chandigahr
PENDJAB
HARYANA
● Hardwar

DELHI

UTTAR
PRADESH

RAJASTHAN

Jodhpur
Jaipur
● Agra
Lucknow
● Kanpur
Bénarès
● Patna

NÉPAL

SIKKIM

BHOUTAN

ARUNACHAL
PRADESH

ASSAM
NAGALAND

MEGHALAYA
MANIPUR

BANGLADESH

TRIPURA
MIZORAM

BIRMANIE

GUJARAT

Ahmadabad

I N D E

BHOPAL
● Bhopal
MADHYA PRADESH

BIHAR

BENGALE OCCIDENTAL
CALCUTTA

Mer d'Arabie

Nagpur

ORISSA

● Bhubaneshwar
Puri

Baie du Bengale

BOMBAY
● Ajanta
Ellora
● Poona
MAHARASHTRA

■ Principales
agglomérations

● Villes principales

▲ Anciennes villes

Routes
principales

Chemins de fer

Aéroports
internationaux

Principaux ports

Frontières d'État
(englobant les
territoires de l'Union)

Hyderabad

KARNATAKA

ANDHRA
PRADESH

GOA

Hampi

Bangalore

MADRAS

Mysore

Îles Andaman

Cochin

TALMINADU

KERALA
● Madura

Trivandrum

Îles Laquedives

SRI LANKA

Océan Indien

Îles Nicobar

0 100 200 300 400 500 km

SITUATION DE L'INDE DANS LE MONDE

Inde

Équateur

Superficie :   3 287 590 km²

Population : 780 000 000 hab.

Capitale :   New Delhi

Langues :   Hindi, anglais et 14 autres
langues principales

Vendeuses de fleurs à Jaipur : quelques-unes des brillantes couleurs de l'Inde.

Namaste ! prononcé na-mas-té, est une salutation hindi qui s'emploie dans presque toute l'Inde. Tout à la fois « bonjour » et « comme je suis heureux de vous voir », cette formule de politesse se dit généralement en joignant les paumes des mains et en inclinant légèrement la tête, en signe de respect. Quelque 780 millions de personnes vivent en Inde. Imaginez combien de fois *namaste* est prononcé chaque jour !

L'Inde est un pays plus ou moins triangulaire, situé au nord de l'équateur. À l'ouest se trouve le Pakistan, à l'est, le Bangladesh et la Birmanie, et au nord, le Népal et la Chine. La mer d'Oman baigne les côtes occidentales de l'Inde, tandis que ses côtes orientales s'ouvrent sur le golfe du Bengale. À l'extrême-sud, les deux mers se rencontrent et forment l'océan Indien. Les îles Andaman et Nicobar dans le golfe du Bengale, et les îles Laquedives dans la mer d'Oman sont également possessions indiennes. L'Inde s'étend sur environ 3 200 km du nord au sud, et 2 900 km en son point le plus large. Sa superficie représente la superficie de l'Angleterre, de la France, de la RFA et de l'Italie réunies. Quant à sa population, elle arrive au 2e rang mondial, après la Chine : une personne sur six dans le monde est indienne.

Tout au long de ses 5 000 ans d'histoire, l'Inde a été un territoire convoité. Aujourd'hui, on s'y rend pour découvrir ce que l'empereur Shah Jahan appela le paradis sur terre. L'Inde est davantage un ensemble de petits pays qu'un pays à proprement parler : chaque État a une langue, une culture et des coutumes qui lui sont propres, des habitudes vestimentaires et culinaires, et des paysages, une faune et une flore variés.

INDE

2 Géographie et climat

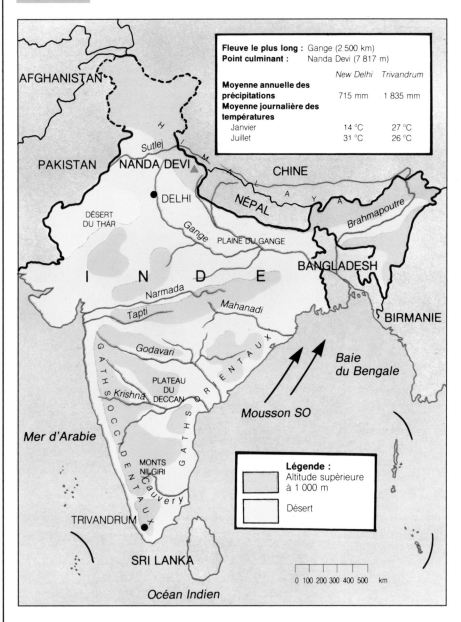

	Fleuve le plus long :	Gange (2 500 km)	
	Point culminant :	Nanda Devi (7 817 m)	
		New Delhi	Trivandrum
Moyenne annuelle des précipitations		715 mm	1 835 mm
Moyenne journalière des températures			
Janvier		14 °C	27 °C
Juillet		31 °C	26 °C

AFGHANISTAN

PAKISTAN NANDA DEVI

Sutlej

DELHI

CHINE

NÉPAL

Brahmapoutre

HIMALAYA

DÉSERT DU THAR

Gange

PLAINE DU GANGE

I N D E

BANGLADESH

Narmada

Mahanadi

Tapti

BIRMANIE

Godavari

Baie du Bengale

GHATS OCCIDENTAUX

PLATEAU DU DECCAN

Krishna

GHATS ORIENTAUX

Mousson SO

Mer d'Arabie

MONTS NILGIRI

Cauvery

Légende :

Altitude supérieure à 1 000 m

Désert

TRIVANDRUM

SRI LANKA

0 100 200 300 400 500 km

Océan Indien

Ci-dessus *Village de pêche en Inde du Sud. La région jouit d'un climat tropical, c'est-à-dire chaud toute l'année.*

Loin au-dessus de nous, des satellites fabriqués en Inde tournent autour de la Terre, et envoient aux scientifiques des informations géographiques et météorologiques sur les pays survolés. Que montrent les images de l'Inde ?

Elles révèlent un paysage **contrasté**, des hautes montagnes aux plaines, des déserts poussiéreux aux marécages et des plages sablonneuses aux épaisses forêts. En dépit de cette variété, l'Inde peut être divisée en trois zones.

La chaîne de l'Himalaya s'étend sur 2 400 km au nord, formant un mur de neige et de glace, ponctué de sommets parmi les plus hauts du monde.

Au sud des montagnes, dans le centre de l'Inde, se trouvent les plaines baignées par le Gange, très fertiles. Les **cultures vivrières**, en particulier le blé, y abondent, aussi les gens ont-ils afflué dans cette région. Aujourd'hui, deux Indiens sur trois vivent dans les plaines.

Au sud des plaines, le relief s'élève à nouveau jusqu'au plateau du Deccan, région aride du sud de l'Inde. De chaque côté se déploient des chaînes montagneuses, aux pentes couvertes de forêts et de plantations de thé et de café.

Entre les montagnes et la mer serpente une bande de terre où l'on cultive des cocotiers, des bananiers et des épices. Dans ces régions, les gens se baignent dans les tièdes océans tandis que ceux du nord s'enveloppent dans leurs manteaux d'hiver. Le sud est en effet proche de l'équateur, et jouit d'un climat chaud en permanence. Les plaines, en revanche, ont des étés chauds, mais des hivers froids.

Pendant l'été, les vents de **mousson** apportent la pluie à toute l'Inde. Bien que vitales aux cultures desséchées, les pluies arrivent brutalement et peuvent provoquer des inondations et dévaster les terres. Certaines villes reçoivent davantage de pluie en deux mois que San Francisco et Londres pendant toute l'année. Certaines années, la mousson n'apporte pas assez de pluie et les cultures meurent. Les satellites indiens contribuent aujourd'hui à prévoir l'importance des pluies.

Ci-contre Vallée fertile au Cachemire. Presque tout le nord de l'Inde est montagneux.

Ci-dessus Le désert du Thar, au Rajasthan, est l'une des régions les plus arides de l'Inde.

3 Faune et flore

Avec ses montagnes, ses jungles, ses déserts et ses plaines, l'Inde offre une multitude d'habitats qui accueillent une grande variété d'animaux. Dans les collines et les montagnes vivent des tigres, des ours et des faucons. Des paons, des chameaux, des lézards et des serpents venimeux se trouvent dans les plaines. Enfin, la jungle est habitée par des singes, des léopards, des éléphants et des crocodiles.

Le grand tigre du Bengale est une espèce menacée d'extinction, dont la chasse est aujourd'hui interdite.

Malheureusement, la chasse est depuis longtemps en Inde pratique courante, tant pour la nourriture que pour le commerce. Les peaux et les défenses peuvent aujourd'hui encore atteindre un bon prix. La chasse était également un sport, surtout quand l'Inde était une colonie britannique. Les chasseurs tuèrent tant d'animaux que certains furent menacés de disparaître totalement. Pour cesser le massacre, le gouvernement a interdit la chasse de certaines **espèces**, dont le tigre et le rhinocéros unicorne, et créé des réserves.

Ci-contre Le paon est l'une des 2 000 espèces d'oiseaux vivant en Inde.

Ci-dessous Éléphant sauvage d'Inde dans la réserve de Madumalai, au Tamil Nadu, dans le sud de l'Inde.

La faune indienne a également été touchée par la déforestation. Les animaux étaient en effet contraints d'aller vivre dans les plaines, où ils constituaient des proies faciles tant pour les autres animaux que pour les hommes.

La déforestation a aussi causé une dégradation des terres **arables** sous l'action de la mousson, car on a coupé les racines des arbres, qui retenaient la terre. Il est aujourd'hui interdit de couper les arbres, pour protéger à la fois les terres et la faune.

Les religions indiennes ont enseigné à leurs fidèles le respect des animaux. Pour les **hindous**, les vaches sont **sacrées** : elles vont en liberté et l'on ne peut leur faire du mal. Les membres d'une ancienne secte hindoue, les jaïna, ont la bouche masquée pour éviter d'avaler des insectes, car pour eux toute forme de vie est sacrée.

4 Un peu d'histoire

La plupart des Indiens descendent de personnes ayant émigré en Inde il y a fort longtemps. Il y a environ 5 000 ans, les premiers habitants s'installèrent près des fleuves du nord. Vers 1500 av. J.-C., ils furent soumis par les **Aryens** venant d'Europe, qui demeurèrent dans le nord de l'Inde et placèrent sous leur autorité le peuple autochtone des **Dravidiens,** dont beaucoup s'enfuirent dans le sud du pays. C'est à l'époque des Aryens que naquit la religion hindoue.

Les descendants des Aryens conservèrent le pouvoir jusqu'en 1526, puis furent renversés par les **Moghols** venus d'Asie centrale. Comme les Aryens, les Moghols s'installèrent au nord et délaissèrent le sud. Ils professaient l'**islam,** qui devint la principale religion du nord. Au cours du règne du Grand Moghol Akbar, de 1556 à 1605, des marchands européens commencèrent à arriver en Inde.

En 1611, l'Angleterre ouvrit en Inde le premier comptoir commercial. Il était géré par la Compagnie des Indes orientales, qui devint rapidement très puissante. L'empire Moghol commença à se fissurer. L'occupation britannique fut contestée par de nombreux Indiens, qui accusaient les Anglais d'utiliser l'Inde pour accroître à leurs dépens les richesses de l'empire britannique, en s'appropriant les terres.

En 1857, les soldats indiens de la Compagnie des Indes orientales organisèrent une grande **mutinerie.** Le gouvernement britannique se sentit menacé et décida

Miniature ancienne du Grand Moghol Akbar traversant le Gange avec ses soldats.

alors de prendre le pouvoir dans l'ensemble de l'Inde. Les Indiens continuèrent à manifester leur opposition à la domination britannique, et dans les années 1920, ils se rangèrent derrière le Mahatma Gandhi, nouveau chef de la contestation. Ce dernier militait pour l'indépendance du peuple indien. Il persuada des milliers d'Indiens de prendre part à des actions non-violentes pour

Le Taj Mahal, non loin d'Agra, est l'un des plus beaux édifices au monde. Il fut construit de 1632 à 1653 par l'empereur Shah Jahan en mémoire de sa femme, Mumtaz Mahal.

renverser l'autorité britannique. Malheureusement, Gandhi et les autres chefs hindous ne purent s'entendre avec les chefs **musulmans** sur le mode de gouvernement approprié à l'Inde. En 1947, les Britanniques quittèrent l'Inde, qui fut divisée en deux zones, hindoue et musulmane, après de terribles massacres. Le Pakistan occidental (l'actuel Pakistan) et le Pakistan oriental (l'actuel Bangladesh) furent ainsi créés pour les musulmans. Le reste forma l'Union indienne, l'Inde d'aujourd'hui.

Bien que l'Inde ait obtenu son **indépendance** en 1947, elle demeura membre du **Commonwealth**. Le 26 janvier 1950, elle devint une **république démocratique** au sein du Commonwealth.

Dates importantes :

3000 av. J.-C.	L'Inde du Nord est habitée.
1500 av. J.-C.	Les Aryens envahissent l'Inde.
273-232 av. J.-C.	L'empereur Ashoka gouverne un vaste empire en Inde du Nord, avec l'hindouisme comme principale religion.
1498	L'explorateur portugais, Vasco de Gama, contourne l'Afrique et atteint l'Inde, ouvrant une route commerciale avec l'Europe.
1526	Bataille de Panipat (près de Delhi). Baber devient le premier empereur Moghol et impose la religion islamique.
1556-1605	Règne de l'empereur Akbar.
1600	La reine Elisabeth Ire d'Angleterre crée la Compagnie des Indes orientales.
1611	Ouverture du premier comptoir de la Compagnie des Indes orientales.
1857	Grande mutinerie des soldats indiens.
1878	La reine Victoria devient impératrice des Indes.
1947	L'Inde acquiert son indépendance.
1950	L'Inde devient une république démocratique.
1952	Nehru devient Premier ministre de l'Inde.
1971	Guerre entre l'Inde et le Pakistan. Le Bangladesh devient indépendant.
1984	Indira Gandhi, fille de Nerhu et première femme Premier ministre, est assassinée. Son fils, Rajiv Gandhi, lui succède.
1990	V.P. Singh est nommé Premier ministre.

5 La religion

Hindous se baignant dans le Gange sur l'un des ghats *(marches descendant dans le fleuve) de Bénarès.*

Aujourd'hui, huit Indiens sur dix sont hindous. Les hindous croient en une sorte de destin, où la vie de chacun est déjà tracée d'avance et que rien ne permet de changer. Ils vénèrent différents dieux et une divinité appelée Brahma. Ils croient également à la réincarnation. Ainsi, au moment de la mort, l'âme renaîtrait dans un autre corps. Le système des **castes**, qui régissait la société indienne, est associé à cette idée.

Les castes étaient les différentes classes sociales hindoues. La caste la plus haute est celle des *Brahmanes*, qui sont les prêtres et les enseignants, suivis des *Kshatriyas*, rois et guerriers, des *Vaishyas*, marchands, et des *Shudras*, artisans. Tout en bas de l'échelle viennent les Intouchables, jadis chargés des tâches les plus viles. Les Hindous pensent qu'en menant une vie honnête, on peut renaître dans une caste supérieure. Le

Nombre moyen de fidèles des différentes religions de l'Inde	
Hindous	624 000 000
Musulmans	86 000 000
Chrétiens	20 250 000
Sikhs	14 750 000
Bouddhistes	5 500 000
Juifs, Jaïna et Parsis	6 250 000

Ci-contre *La Jami Masjid dans le vieux Delhi, qui est la plus grande mosquée de l'Inde, peut accueillir jusqu'à 25 000 fidèles.*

Ci-dessous *Énorme « temple-char » promené dans les rues d'Udipi, au cours d'une fête consacrée au dieu Krishna.*

système des castes est aboli aujourd'hui et Gandhi a œuvré pour l'égalité sociale, rebaptisant les Intouchables *Harijans*, « enfants de Dieu », mais les traditions restent fortes. Les hindous célèbrent de grandes fêtes colorées. L'une des plus spectaculaires est celle de *Kumbha Mela*, où plus d'un million de personnes se rendent à Hardwar pour se baigner dans le Gange, fleuve sacré. Le yoga, discipline corporelle et spirituelle visant à obtenir la maîtrise parfaite du corps, est lui aussi très important dans la tradition hindoue.

L'islam est la deuxième religion de l'Inde. Au Pendjab, la religion sikh est la principale religion. Les **sikhs** croient qu'il n'existe qu'un seul dieu qui doit être servi tout au long de la vie. Il y a aussi des parsis, surtout en Inde occidentale, des chrétiens, des bouddhistes et des juifs.

6 La population

Demandez à quiconque s'est rendu en Inde ce qu'il a trouvé le plus frappant. La chaleur ? Les paysages ? La nourriture ? Beaucoup répondront : les foules. Les villes grouillent de monde, les rues fourmillent, les trains sont bondés et les bus débordent.

Tous ces gens sont indiens, mais leur apparence ou leur habillement diffère. Dans les villes, de nombreux hommes et femmes s'habillent à l'occidentale. Dans les campagnes, les gens ont tendance à se vêtir de façon traditionnelle.

Le *sari*, généralement porté sur un corsage à manches courtes, est le vêtement traditionnel féminin. Il s'agit d'une longue pièce d'étoffe colorée enroulée autour du corps et drapant l'épaule. En Inde centrale, le sari est généralement passé autour de la taille et plié entre les jambes. Dans le sud torride, les femmes enroulent l'étoffe autour de leur taille, comme une longue jupe. Ce vêtement très confortable, appelé *lunghi*, est aussi porté par les hommes.

Le *dhoti* est porté par les hommes

Ci-dessus *Une famille de Bombay. Le sari, longue pièce de coton coloré, est porté par les femmes dans l'ensemble du pays. Le mari de cette femme et ses enfants sont habillés à l'occidentale, chose courante dans les grandes villes indiennes.*

Ci-contre *Famille en voyage dans le Rajasthan. La plupart des hommes Rajasthani portent un turban aux couleurs vives. Les femmes portent souvent des bijoux et des vêtements brodés de soie ou de fil d'or.*

Ci-dessus Femmes portant le vêtement traditionnel de l'Himachal Pradesh, au nord de l'Inde.

dans l'ensemble du pays, mais surtout dans l'État du Bengale. C'est une longue et large pièce de coton blanc enveloppée autour de la taille, dont l'extrémité est remontée entre les jambes. Au nord-ouest de l'Inde, les hommes portent une veste et un pantalon longs et étroits, ainsi que les femmes, qui ont une tunique à la place de la veste.

Dans n'importe quelle foule, il est facile de reconnaître des sikhs de l'État du Pendjab grâce au turban qu'ils portent autour de la tête. Les hommes du Rajasthan portent également des turbans, mais plus colorés.

Ci-contre Les hommes sikhs portent un turban pour des raisons religieuses. Les femmes sikhs sont généralement vêtues d'une tunique et d'un pantalon.

Ci-dessus Cet Indien du Sud sur son radeau de bambou est vêtu d'un confortable lunghi.

Les Indiens diffèrent aussi par leurs multiples langues. Celles que l'on parle dans le sud proviennent du premier peuple de l'Inde, les Dravidiens. Les langues du nord sont issues de celle des Aryens qui conquirent l'Inde.

L'existence de différentes langues rend la communication impossible entre beaucoup d'habitants du nord et du sud.

À l'époque des colonies britanniques, l'anglais devint la langue des affaires et de la politique, et de nombreux Indiens furent encouragés à l'apprendre. C'est pourquoi l'Inde est aujourd'hui la seconde nation anglophone du monde.

Ci-dessus *Les affiches sont imprimées en plusieurs langues, dont le bengali, le hindi et l'anglais.*

Après l'indépendance, en 1947, l'Inde fut divisée en différents États selon la langue parlée dans chaque région, afin que tous les habitants d'un même État parlent la même langue. Pour faciliter la communication entre les différents États, il fut décidé que le hindi, la principale langue du nord, serait la langue nationale. L'anglais devait continuer à être utilisé comme seconde langue, tandis que tout le monde était censé apprendre le hindi.

Naturellement, les personnes parlant d'autres langues n'apprécièrent guère cette idée et refusèrent d'apprendre le hindi. Ainsi, aujourd'hui, bien que la moitié de la population parle hindi, il existe probablement davantage de personnes parlant l'anglais. Outre le hindi et l'anglais, il y a en Inde quatorze autres langues principales et des centaines de **dialectes** locaux.

Ci-dessus *Billets, pièces et timbres indiens. Ils sont imprimés en hindi et en anglais.*

Les enseignes de ce diseur de bonne aventure sont écrites en malayalam, langue répandue en Inde du Sud.

Ci-contre *Cet homme est potier. Sa femme et ses enfants l'aident dans son travail. La poterie demeure une petite industrie très importante dans toute l'Inde.*

Pour compliquer les choses, les langues indiennes ne s'écrivent pas toutes de la même façon. Par exemple, les quatre langues principales du sud (Telugu, Kanada, Tamil et Malayalam) ne s'écrivent pas comme le hindi.

Bien que les habitudes de vie diffèrent d'une région à une autre, la plupart des Indiens ont en commun l'importance qu'ils accordent à la famille. Les familles indiennes sont souvent grandes et la solidarité y est essentielle. Plusieurs générations, grands-parents, parents et enfants, vivent parfois sous le même toit. Ils prennent leurs repas en commun, mais travaillent aussi ensemble.

INDE

7 Les villes

Si vous survoliez en hélicoptère une ville indienne, vous vous rendriez compte qu'elle est divisée en plusieurs zones, qui témoignent des différentes phases de l'histoire de l'Inde.

La plupart des villes indiennes sont d'abord constituées d'une partie ancienne, avec un fort et les restes de la muraille qui l'encerclait. La muraille a pu servir jadis à repousser les armées d'un empereur Moghol. Dans l'enceinte se trouve un labyrinthe de rues étroites et de ruelles, regorgeant de boutiques et de **bazars** animés.

Ci-dessus Le vieux fort de l'ancienne ville fortifiée de Jaisalmer au Rajasthan.

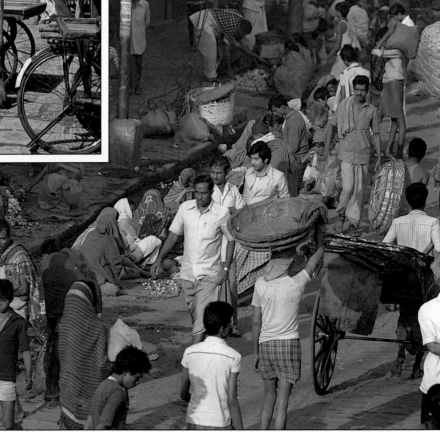

Ci-contre Bow Bazaar, rue animée du centre de Calcutta.

À plusieurs kilomètres de là se trouve la zone où les Anglais bâtirent leurs habitations, leurs hôpitaux et leurs casernes, caractérisée par de larges routes bordées d'arbres, et une gare. Entre cette zone et la vieille ville s'élèvent les édifices gouvernementaux, construits par les Anglais.

Non loin des routes principales conduisant à la ville, s'est généralement implantée une zone industrielle ou des tours modernes d'habitations et quelques boutiques. Un aéroport se trouve parfois en grande banlieue.

Les trois villes principales de l'Inde : Delhi, Calcutta et Bombay, sont formées sur ce modèle. Delhi, avec 6 millions d'habitants, est la capitale et le siège du gouvernement et du parlement. La vieille ville foisonne de marchés, de boutiques et de temples. La partie moderne, construite par les Anglais vers 1930, comporte des avenues bordées d'arbres et de spacieuses habitations, et aujourd'hui de nombreuses tours qui abritent des hôtels ou des bureaux.

La plus grande ville d'Inde est Calcutta, où vivent 9 millions d'habitants. Cette ville est réputée pour ses artistes, ses écrivains et ses danseurs.

Bombay, qui fut jadis un village de pêcheurs, est aujourd'hui le principal port de l'Inde, et le centre d'une industrie cinématographique florissante. Il existe en outre de nombreuses autres industries, telles que le polissage des pierres précieuses, comme le diamant.

Ci-dessus *Tour moderne abritant des bureaux à Connaught Place, au cœur de Delhi.*

Ci-contre *Femme vendant du poisson sur les docks de Bombay, le principal port de l'Inde.*

8 La vie rurale

Dans le désert du Thar, le facteur se déplace en chameau.

Quatre Indiens sur cinq vivent à la campagne dans un petit village, loin des villes, des lignes de chemin de fer et des grandes routes.

Presque tous vivent de l'agriculture. Les saisons jouent un rôle important dans leur vie, et les temps de semailles et de récolte sont les périodes les plus chargées. Ces agriculteurs travaillent dur, mais vivent souvent dans une grande pauvreté, sans espoir de voir leur situation s'améliorer.

Le problème est que beaucoup d'agriculteurs ne possèdent pas la terre qu'ils travaillent, et paient une sorte de loyer au propriétaire. Ayant peu d'argent, ils payent le propriétaire en nature, en lui donnant une partie de la récolte.

Lorsque la récolte est mauvaise, à cause du manque de pluies ou d'une invasion de parasites, l'agriculteur est quand même tenu de verser au propriétaire la part qui lui revient. Il lui reste souvent juste de quoi nourrir sa famille.

L'agriculteur qui ne peut économiser a souvent recours à un **prêteur sur**

gages, auquel il emprunte de l'argent à un taux d'intérêt très élevé, allant parfois jusqu'à 100 %. Ainsi, pour chaque roupie empruntée, il devra rendre deux roupies. Après plusieurs mauvaises récoltes, l'agriculteur peut se retrouver très endetté.

Ceux qui vivent sur les côtes sont généralement pêcheurs. Ceux qui ne sont ni agriculteurs ni pêcheurs fabriquent les objets quotidiens dont a besoin le village, outils, poteries pour la cuisine et vêtements. Certains partent pour la ville pour trouver du travail, et envoient alors de l'argent chez eux pour aider leur famille.

À leurs moments de loisir, les villageois aiment à se retrouver en compagnie d'amis et de parents, pour célébrer des fêtes religieuses ou familiales.

Ci-dessus *Cet agriculteur, dans l'État du Kerala, prépare la terre où seront repiqués les plants de riz, la principale culture du Sud.*
Ci-dessous *Les premières neiges de l'hiver recouvrent un village du Cachemire, au pied de la chaîne de l'Himalaya.*

9 Grandir au village

Un village typique comprend quelque deux cents maisons, en pierre, en briques ou en terre, entourées de champs. Chaque maison possède deux ou trois petites pièces, au sol de terre battue. Une famille réunit souvent les parents, les enfants, parfois un fils plus âgé déjà marié, puis des oncles et tantes ou les grands-parents.

Ci-contre Jeune fille gardant les buffles de la famille, en Inde du Nord.
Ci-dessous Villageois faisant sécher des bouses. Celles-ci seront ensuite utilisées comme combustible pour la cuisson des repas familiaux.

On passe beaucoup de temps dans la cour, devant la maison, où l'on prépare les repas au-dessus d'un feu de bouse et où l'on attache les animaux.

Le travail occupe la plus grande partie de la journée et, lorsqu'ils sont assez grands, les enfants doivent aider leurs parents. Traditionnellement, les filles aident leur mère à tenir la maison, vont chercher de l'eau au puits ou préparent les repas. Leurs frères s'occupent des animaux ou aident leur père aux champs.

De nombreux villageois prennent l'autobus pour se rendre à la ville la plus proche.

Les enfants vont à l'école du village vers cinq ou six ans. Si le village est situé près d'une ville, les garçons fréquenteront l'école secondaire, à dix ans. Les filles restent parfois à la maison, puis épousent vers seize ans un garçon choisi par les parents. Lorsque les garçons terminent leur scolarité, l'aîné reste souvent pour aider son père, tandis que ses frères partent travailler en ville.

10 Grandir en ville

La vie urbaine est tout autre. La famille, généralement nombreuse, vit dans un petit appartement situé dans une tour. L'appartement, avec eau courante, gaz et électricité, est généralement peu meublé. Le père de famille possède souvent un scooter, qu'il utilise pour se rendre à son travail et pour emmener les enfants à l'école chaque matin.

Le contraste est frappant avec les familles riches, qui vivent au contraire très aisément, dans de grandes maisons, confortablement meublées, et possèdent téléphone, télévision, magnétoscope et voiture. Souvent, ils emploient un chauffeur qui s'occupe à la fois de la voiture et du grand jardin. Les enfants fréquentent des écoles privées et durant leurs loisirs vont au cinéma et s'achètent ensuite un hamburger dans l'un des nombreux fast-food qui ouvrent dans les villes indiennes.

Malheureusement, certains des jeunes garçons qui se rendent en ville rencon-

L'entrée d'une école moderne à Delhi.

Ci-contre Bidonville dans la banlieue de Delhi.

trent beaucoup de difficultés pour trouver du travail, et finissent souvent par vivre dans la rue. Beaucoup errent dans les rues, où ils sont obligés de mendier et de chaparder pour survivre. Leur unique foyer n'est souvent qu'une couverture dans l'entrée d'une boutique. Et il n'y a personne pour les obliger à fréquenter l'école.

Les villes indiennes sont très animées. Ici, une rue typique à Lucknow, ville d'Inde du Nord.

D'autres s'installent dans des **bidonvilles** en banlieue, vivant dans des baraques faites de planches, de tôle et de carton. Les bidonvilles n'ont pas l'eau courante ni l'électricité et sont souvent inondés par les pluies de la mousson. Ils se sont développés à cause du manque de logements dans les villes. Le nombre de personnes venant travailler en usine augmentant, le problème ne fait qu'empirer, bien que le gouvernement tente de trouver une solution.

À l'exception des sans-abris, les enfants des villes vivent généralement dans de meilleures conditions que les enfants des 600 000 villages indiens. Ils ont plus facilement accès à l'enseignement et à la culture, et peuvent ainsi aller au musée, au zoo ou faire du sport.

11 La scolarité

Début de journée dans une école publique en Inde du Sud.

En Inde, moins de la moitié de la population sait lire et écrire. Les écoles et les collèges se trouvent en effet en ville, loin des villages où vit la majeure partie de la population. En outre, même si les écoles publiques sont gratuites, la plupart des familles sont pauvres et les enfants, qui doivent gagner de l'argent le plus tôt possible, ne sont pas envoyés à l'école. Certains parents n'y envoient que leurs fils parce qu'ils savent qu'une bonne éducation les aidera à trouver un emploi, tandis que les filles restent à la maison, suivant la tradition.

Les différents gouvernements ont tenté d'améliorer la situation en bâtissant davantage d'écoles pour que chaque enfant puisse recevoir une éducation jusqu'à l'âge de quatorze ans. Cela a été possible dans l'État du Kerala, où huit personnes sur dix savent maintenant lire et écrire.

Dans les campagnes, les enfants fréquentent l'école pendant trois ou quatre ans. Certains villages n'ont pas d'école et la classe se fait alors sous un grand arbre où est accroché un tableau noir. Parfois, le village peut acheter une télévision ou une radio, et les élèves peuvent alors suivre les programmes éducatifs spéciaux.

En ville, l'enfant reçoit une meilleure éducation, car il a accès plus facilement aux écoles primaires, puis aux écoles secondaires et parfois même à l'université.

La classe se fait souvent en plein air dans les villages.

Ci-dessous *Kiosque à livres dans le Kerala, où 8 personnes sur 10 savent lire et écrire.*

12 L'alimentation

Si l'on évoque la cuisine indienne, beaucoup de gens pensent généralement à des curries très épicés. Le *curry* est une poudre composée de diverses épices, qui entre dans la composition de plusieurs plats. Un pays aussi vaste que l'Inde offre une grande variété de mets et de multiples façons de les cuisiner.

Beaucoup de plats indiens sont végétariens, et suffisamment épicés pour être savoureux. Chaque ménagère a ses épices, mais les plus couramment utilisées sont le curcuma, le gingembre, l'ail, le coriandre et le clou de girofle. Dans le nord, où l'on cultive beaucoup de blé, les plats sont accompagnés de *nan* ou *chapati* (crêpes épaisses servant de pain). Dans le sud, région de rizières, c'est généralement le riz qui accompagne le repas.

En général, les Indiens ne se servent pas de couverts pour manger, mais utilisent leur main droite, avec laquelle ils forment une petite boule de nourriture, qu'ils expédient ensuite dans leur bouche. La nourriture est souvent servie sur un *thali*, plateau métallique comportant de petits bols avec divers aliments, ainsi que des condiments. Dans le sud, les feuilles de bananier remplacent souvent les assiettes.

Ci-dessus, à gauche *De nombreux Indiens mâchent du pan, mélange de noix d'arec, de chaux et d'épices enveloppé dans une feuille de bétel.*
Ci-contre *Les Indiens achètent leurs épices dans des échoppes semblables à celle-ci.*

Ci-dessus *Dans le sud, les gens mangent souvent sur des feuilles de bananier, qu'ils jettent après le repas.*

Les Indiens boivent de l'eau, des boissons sucrées ou du thé. Le thé se prépare de la façon suivante : de l'eau, des feuilles de thé, du lait et du sucre sont portés à ébullition dans une casserole, et une plante, telle la cardamome, y est parfois ajoutée. Dans le sud, on boit davantage de café que de thé, mais partout en Inde, les rues sont bordées d'échoppes vendant toutes sortes d'encas.

Légumes frais sur un marché de Jaipur.

13 Sports et loisirs

Les Indiens sont férus de sport et les espaces de plein air dans les villes et les villages sont souvent utilisés pour la pratique de sports collectifs.

Les Indiens excellent au cricket et l'équipe nationale fait la fierté de tous. Les matchs opposant l'Inde à d'autres pays attirent les foules. Dans tout le pays, chaque poste de radio ou de télévision semble être réglé sur le match, tous les Indiens suivant avec passion la progression de leur équipe.

L'Inde est également réputée pour le hockey, et a remporté de nombreuses médailles d'or aux Jeux olympiques.

Ci-dessus *Match de polo sur un terrain de la ville de Leh, au Ladakh, dans les montagnes de l'Himalaya.*

Ci-dessous *L'industrie cinématographique indienne est l'une des plus importantes au monde.*

Les villes offrent une large gamme d'activités, et possèdent souvent des stades modernes et des gymnases. À Calcutta, Bombay et Puna, il existe des champs de course où se rendent les riches Indiens pour assister aux courses et parier. Ceux-ci fréquentent également les terrains de golf situés en périphérie de la plupart des villes. En hiver, certains vont faire du ski à Narkanda, dans le nord de l'Inde.

À la campagne, on joue au football ou au cricket. Les enfants jouent également au *guli danda*, où ils frappent tour à tour un petit morceau de bois avec un bâton pour le faire tournoyer dans l'air. Puis ils doivent le frapper à nouveau et l'envoyer aussi loin que possible.

Outre les sports, le cinéma est l'un des passe-temps favoris des Indiens. Dans les campagnes, un cinéma ambulant passe dans les villages et présente des spectacles en plein air.

Famille visitant les ruines de l'ancienne ville de Hampi. Ce magnifique char de pierre fut sculpté au XVe siècle, quand Hampi était la capitale d'un immense empire.

Le soir, la plupart des gens restent chez eux ou se retrouvent en famille ou chez des amis. Il n'y a ni bars ni discothèques dans les villes et les restaurants sont très chers. Dans les villages, on passe la soirée à jouer aux cartes et à discuter avec des amis.

Chaque dimanche, des matchs de cricket ont lieu dans ce grand parc de Bombay.

14 Arts et culture

Les merveilleuses peintures rupestres et sculptures sur roc que l'on a retrouvé dans les temples-grottes d'Ajanta et d'Ellora, non loin de Bombay, rappellent que d'excellents artistes et sculpteurs vécurent en Inde il y a plus de 2 000 ans.

Leurs descendants ont bâti des temples magnifiques dans l'ensemble du pays, entièrement recouverts de fines sculptures de divinités. L'intérieur était souvent décoré de statues de bronze et de métaux précieux par des artisans de l'Inde du Sud.

Lorsque les gens allaient au temple pour prier, des danseurs y mimaient des scènes religieuses. Les danseurs des temples n'existent plus, mais certains donnent encore des représentations pendant les fêtes, selon la tradition.

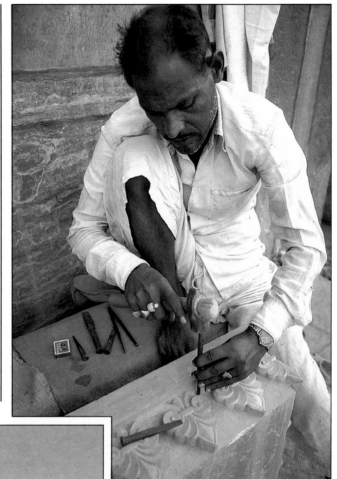

Ci-dessus *Aujourd'hui encore, des tailleurs de pierre pratiquent cet art millénaire en Inde.*

Ci-contre *Salle de concert à Madras, quatrième ville de l'Inde par la taille.*

Les souverains Moghols introduisirent de nouveaux styles architecturaux, dont l'exemple le plus célèbre est le Taj Mahal, avec son dôme, ses minarets et ses arches de marbre. Ils encouragèrent également les artistes à peindre des miniatures, riches en détails et brillamment colorées. Aujourd'hui encore, dans plusieurs régions de l'Inde, des artistes sont spécialisés dans la miniature, dont ils se transmettent les techniques de génération en génération.

Ci-contre *Danseurs de Kathakali au Kerala. Ces danses traditionnelles remontent à 2 000 ans.*
Ci-dessous *Peinture miniature évoquant une scène tirée du célèbre poème indien, le* Ramayana.

La littérature est également l'un des fondements de la culture indienne. Les deux œuvres les plus célèbres sont le *Mahabharata* et le *Ramayana*. Il s'agit de deux longs poèmes écrits il y a 2 000 ans. La poésie reste très respectée, en particulier au Bengale. L'un des plus grands poètes indiens de notre siècle, Rabindranath Tagore, est Bengali. Il a également écrit l'hymne national, et ses œuvres lui ont valu le **prix Nobel**.

L'industrie cinématographique indienne est florissante. Satyajit Ray, lui aussi Bengali, a fait connaître l'Inde dans le monde entier par ses excellents films, qui ont obtenu de nombreuses récompenses.

15 L'agriculture

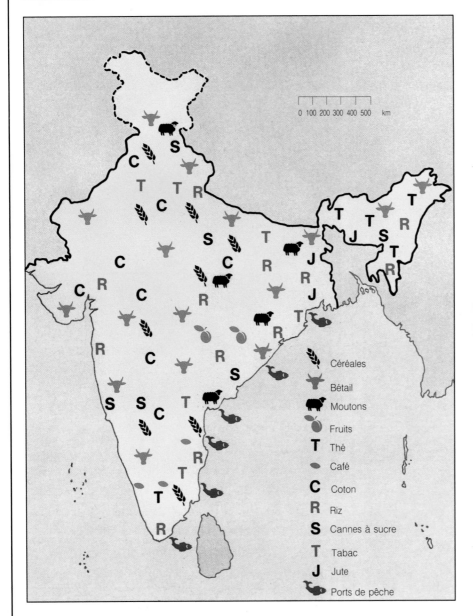

Récolte près de Srinagar, au Cachemire. La récolte se fait ici à la main.

Légende de la carte :

- Céréales
- Bétail
- Moutons
- Fruits
- **T** Thé
- Café
- **C** Coton
- **R** Riz
- **S** Cannes à sucre
- **T** Tabac
- **J** Jute
- Ports de pêche

La plupart des terres **arables** de l'Inde sont occupées par des cultures vivrières. L'agriculture est une activité extrêmement importante car elle offre du travail à près des trois quarts de la population active.

Les Indiens consomment beaucoup de riz et de blé, qui sont les principales cultures de l'Inde. Le riz est cultivé dans les régions côtières, plus humides. Le blé pousse dans les plaines du nord, au climat plus sec, surtout au Pendjab. La canne à sucre et les légumes secs (pois, haricots et lentilles) représentent également une part importante des cultures.

Les techniques agricoles restent très traditionnelles, les engrais et les machines agricoles étant trop coûteux pour les petites exploitations. Les labours, les semailles et la récolte se font à la main ou à l'aide d'une charrue ou d'une charrette tirée par des bœufs.

Le climat pose des problèmes, la mousson étant irrégulière et n'apportant parfois que peu de pluie. Le gouvernement a amélioré la situation en encourageant les agriculteurs à réunir leurs terres pour former de plus grandes fermes et en donnant de l'argent pour creuser des puits et acquérir des machines, des engrais et des semences de meilleure qualité. Les réserves alimentaires ont augmenté et la pauvreté rurale a un peu diminué. C'est ce que l'on a appelé la « révolution verte ».

Certaines cultures sont principalement destinées à l'exportation, comme le thé, le jute, utilisé pour fabriquer des cordes et des sacs, et le coton.

Ci-dessous *Ramassage du thé dans une plantation à flanc de coteau, en Inde du Sud.*

16 L'industrie

Famille sikh du Pendjab imprimant une étoffe avec des tampons de bois et des teintures végétales.

La plupart des gens qui ne sont pas agriculteurs travaillent dans des usines ou dans de petits ateliers.

Les ateliers, souvent gérés par les membres d'une même famille, font partie de la vie indienne depuis des centaines d'années, bien avant les villes ou les usines. On y fabrique divers objets, meubles, récipients d'argent ou de cuivre magnifiquement ciselés, tapis et étoffes finement tissés.

D'autres ateliers fabriquent aujourd'hui des radios, des lampes ou des articles de cuisine. L'ensemble de ces petites entreprises produit la moitié des marchandises de l'Inde.

La zone industrielle la plus importante est située non loin de Calcutta, dans la vallée de Damodar. C'est l'un des exemples les plus réussis des projets de développement de l'Inde. On y produit du fer et de l'acier, du ciment, des **machines-outils**, des produits chimiques et des textiles. L'industrialisation à une telle échelle s'est faite grâce à l'apport de capitaux étrangers. Les usines ont été construites dans la vallée de Damodar, en raison de la présence dans le sol de quantités importantes de minerai, comme le minerai de fer, le minerai de cuivre et la bauxite. L'Inde possède plusieurs millions de tonnes de minerai en attente d'exploitation, ce qui constitue une richesse importante.

Mais les minerais ne sont d'aucune utilité tant qu'ils ne sont pas transformés en métal, ce pour quoi chaleur et électricité sont nécessaires. Dans la vallée de Damodar, la chaleur est produite par le charbon et l'électricité par l'**énergie hydroélectrique**. L'Inde utilise amplement ces deux sources d'énergie pour les usines et les logements individuels, ainsi que le gaz, le pétrole et l'énergie nucléaire.

Ci-dessus Le barrage d'Hirakud, en Orissa, sert à la fois à irriguer les terres et à produire de l'énergie hydroélectrique.

Ci-contre Mine de fer à ciel ouvert à Goa, sur la côte occidentale de l'Inde.

Principales exportations :
  Pétrole brut, artisanat, vêtements, thé, pierres précieuses.

Principales importations :
  Pétrole, machines, pierres précieuses, produits chimiques, engrais.

Les transports

On compte en Inde une voiture pour douze charrettes. Cela n'est pas surprenant si l'on pense que l'Inde est un pays d'agriculteurs, pour lesquels le bœuf peut être utilisé aussi bien pour labourer les champs que pour tirer une charrette jusqu'au marché.

À la campagne, on voit également des *tongas*, tirées par des chevaux, chargées de gens et de bagages. Dans les régions désertiques du Rajasthan, ce sont les chameaux qui tirent les charrettes.

Ces charrettes circulent également en ville, coincées entre les voitures qui klaxonnent, les scooters et les motos bruyants, les *rickshaws* à trois roues, à pédales ou motorisés, et les autobus.

Embarcations sur le fleuve Hooghly, qui relie Calcutta à la mer.

Ci-dessus Les rickshaws sont très utilisés en Inde.

Les villes indiennes sont reliées par des routes, des chemins de fer et des voies aériennes. On peut voyager dans des autobus ou de confortables autocars, dont beaucoup sont dotés de larges fauteuils, de l'air conditionné et d'un système vidéo. Mais la plupart des Indiens utilisent le vaste réseau ferroviaire.

Chaque jour, 10 millions de personnes prennent le train. La première voie fut ouverte en 1853. Aujourd'hui, avec 61 000 km de voies, l'Inde possède le plus important réseau ferroviaire d'Asie et le second du monde. Néanmoins, la traversée de l'Inde est fort longue : il faut 36 heures pour se rendre de Calcutta, à l'est, à Bombay, à l'ouest ; de Delhi, au nord, à Trivandrum, à l'extrême-sud, il faut 48 heures. De nombreux trains ont un wagon-restaurant et des couchettes, et, parfois, des wagons à air conditionné.

Bien sûr, il est beaucoup plus rapide, mais plus coûteux, de prendre l'avion. Les avions d'Indian Airlines peuvent atteindre les endroits les plus reculés en quelques heures. Air India, la compagnie internationale, assure des vols dans le monde entier.

Chaque jour, 10 millions de personnes voyagent sur le réseau ferroviaire indien.

18 La santé

À l'époque de l'indépendance, en 1947, la plupart des Indiens ne vivaient pas au-delà de 35 ans. Aujourd'hui, l'espérance de vie est deux fois plus longue.

Cela tient notamment à l'augmentation du nombre de médecins et d'hôpitaux. Davantage de gens peuvent ainsi recevoir des soins médicaux et aussi être vaccinés contre certaines maladies. La variole, qui tuait jadis des milliers de personnes, a disparu. D'autres maladies dangereuses, comme le choléra et la malaria, sévissent toujours, mais beaucoup moins de gens en meurent. De nouveaux médicaments mis au point dans les pays occidentaux et l'aide de

De grands hôpitaux modernes, comme celui-ci, ont amélioré la situation de la médecine en Inde.

l'Organisation Mondiale de la Santé ont également amélioré la situation.

Le gouvernement a en outre mené une action d'information et de prévention sur les maladies. La plupart sont transmises par une eau potable impure, et l'eau des villes est aujourd'hui additionnée de substances chimiques détruisant les germes.

Tout en étant mieux protégés des maladies, les Indiens vivent dans de meilleures conditions que dans les années 1940. Les médecins ont enseigné au personnel médical les principes de la nutrition, afin de soigner les carences alimentaires et le manque de vitamines. Ils se sont rendus dans les villes et les villages pour apprendre aux gens à se soigner. Aujourd'hui, les Indiens, surtout les enfants, sont en meilleure santé.

Mais l'allongement de la durée de vie et la baisse de la **mortalité infantile** ont fait apparaître un autre problème : la population augmente de jour en jour. Des millions d'Indiens qui vivent aujourd'hui seraient morts avant l'âge

Ci-dessus *Petit hôpital rural au Kerala.*

Ci-dessous *Un dentiste sikh soigne un patient sur un trottoir.*

Ci-dessus *Remplissage des cruches à la fontaine du village. L'eau propre est essentielle à la prévention des maladies.*

adulte il y a 30 ou 40 ans. Le gouvernement tente de limiter la natalité en conseillant aux parents de n'avoir que deux enfants. En revanche, si la population continue à augmenter à son rythme actuel, il y aura un milliard d'habitants en Inde en l'an 2000.

19   Le système politique

L'Inde est divisée en 24 États et 7 territoires de l'Union. Dans chacun d'eux, la plupart des gens parlent la même langue et ont les mêmes coutumes. En principe, ces zones sont autonomes, tout en faisant partie de l'Inde. Les États sont comparables à des mini-pays, chacun possédant sa capitale, son gouvernement et son Parlement pouvant **légiférer.** Les membres du Parlement sont élus par les citoyens de leur État.

Ci-dessous *Une procession spectaculaire a lieu chaque année à Delhi le 26 janvier, jour anniversaire de la proclamation de la République.*

Ci-dessus *Rajiv Gandhi (en costume gris) fut jusqu'en mars 1990 Premier ministre de l'Inde et chef du parti du Congrès. V.P. Singh lui a succédé aux fonctions de Premier ministre.*

Les territoires de l'Union n'ont ni gouverneur ni Parlement, mais sont administrés par la capitale, Delhi.

À Delhi se trouve le Parlement national, qui décide de l'administration générale de l'Inde, mais laisse aux assemblées régionales le soin d'appliquer ses décisions. Le Parlement de Delhi comporte deux chambres : la *Rajya Sabha* (Conseil des États) et la *Lok Sabha* (Chambre du peuple).

La *Rajya Sabha* a 250 membres, élus pour 6 ans, par les assemblées de chaque État. Tous les États décident ainsi de l'administration du pays.

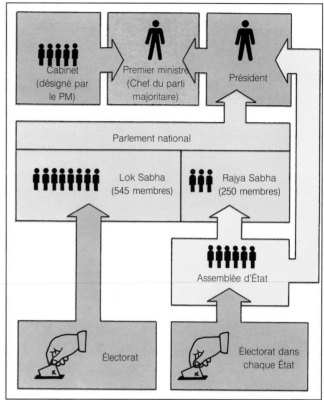

Ci-dessus *La structure du gouvernement indien.*

La *Lok Sabha* a 545 membres, élus au suffrage universel tous les 5 ans. Tout citoyen de plus de 21 ans peut voter. Le parti ayant le plus grand nombre de représentants choisit le Premier ministre, qui administre l'Inde avec l'aide du Parlement et d'un cabinet ministériel.

Il y a au-dessus du Premier ministre le président, élu pour 5 ans par le Parlement national et les assemblées régionales. Le président s'assure que le gouvernement et les Parlements agissent conformément à la constitution indienne, qui date de 1950 et stipule par écrit les règles de gouvernement propres à l'Inde.

Panneau indiquant les résultats des votes lors des élections de la Lok Sabha.

20 L'Inde face à l'avenir

Depuis l'indépendance, l'Inde a résolu de multiples problèmes, mais d'autres demeurent, qu'il faudra plusieurs années pour régler.

Le problème principal est l'augmentation de la population : plus d'un million d'enfants naissent chaque mois. Plus tard, ils auront tous besoin d'un toit et d'un emploi, qui sont déjà difficiles à trouver, en particulier dans les villes surpeuplées.

Les Indiens ont généralement des familles nombreuses, pour des raisons économiques et culturelles essentiellement. Les enfants, qui travaillent dès l'âge de 6 ans, sont pour leurs parents une aide et l'assurance d'être pris en charge pendant leur vieillesse. D'autre part, malgré les efforts des autorités pour mettre en place un contrôle des naissances, il reste très difficile de faire accepter la contraception.

Par ailleurs, certains États pensent que le gouvernement de Delhi les oblige à appliquer certaines décisions qui sont peut-être adaptées à l'Inde, mais non pas à leur État. Ils préféreraient devenir des pays indépendants. Les sikhs, par exemple, souhaitent faire du Pendjab le pays de Khalistan. Le gouvernement s'y oppose, parce qu'il pense que l'Inde ne doit pas être divisée en de multiples pays.

Les relations entre l'Inde et le Pakistan sont une autre source de problèmes. Certains troubles ont eu lieu entre hindous et musulmans, qui se disputaient la possession du Cachemire. Après deux guerres, le problème n'est toujours pas résolu. En 1971, les deux pays se firent à nouveau la guerre, lorsque l'Inde appuya le Bangladesh, l'ancien Pakistan oriental, dans sa lutte pour l'indépendance qu'il obtint cette même année.

Au cours des trente dernières années, la santé et l'éducation se sont améliorées, la révolution verte a permis à l'Inde de doubler sa production vivrière, et les progrès industriels et technologiques ont stimulé l'économie et augmenté le niveau de vie. L'Inde a encore de nombreux défis à relever, mais le gouvernement, tout comme le peuple indien, fait beaucoup d'efforts et progresse peu à peu.

Quel avenir pour cet enfant d'Inde du Sud ?

Glossaire

Arables Qui peuvent être labourées et cultivées.

Aryens Tribus d'origine indo-européenne qui se répandirent en Iran et en Inde du Nord vers 1500 av. J.-C.

Bazar Marché public couvert, comportant de multiples échoppes.

Bidonvilles Ensemble de baraquements bâtis par leurs habitants avec des matériaux de récupération, comme des bidons ou de la tôle, à la périphérie des villes.

Caste Groupement de la population par classes, qui ne tient pas compte de la profession.

Commonwealth Association de 48 États, aujourd'hui indépendants, qui sont ou ont été administrés par l'Angleterre.

Contrasté Se dit d'un paysage très varié, passant par exemple de la mer à la montagne.

Cultures vivrières Cultures destinées à l'alimentation de la population locale.

Dialecte Variante d'une langue parlée dans une région ou par un groupe particulier de personnes.

Dravidiens Premiers peuples de l'Inde et du Sri Lanka.

Énergie hydroélectrique Énergie qui utilise l'eau comme force motrice pour produire de l'électricité.

Espèce Les animaux ou végétaux d'une même espèce présentent des caractéristiques qui les distinguent d'autres espèces appartenant à la même famille (par exemple, les lions et les tigres sont deux espèces de la famille des félins).

Hindous Fidèles de l'une des principales religions de l'Inde, l'hindouisme, qui fut introduite en Inde par les Aryens.

Islam Religion des mahométans introduite en Inde par les commerçants arabes et les Moghols.

Indépendance Autonomie politique d'un pays qui cesse d'être administré par une puissance étrangère. L'Inde est devenue indépendante en 1947 avec le départ des Britanniques.

Légiférer Établir des lois.

Machine-outil Machine actionnant des outils pour façonner différents matériaux.

Moghols Dynastie musulmane qui régna sur l'Inde de 1398 jusqu'au XVIIIe siècle.

Mortalité infantile Mort des enfants avant 3 ans. Elle reste fréquente en Inde.

Mousson Vent tropical soufflant sur l'océan Indien pendant l'été, apportant de fortes pluies.

Musulman Fidèle de la religion islamique.

Mutinerie Rébellion de soldats ou de marins contre leurs officiers.

Prêteur sur gage Personne à qui l'on emprunte de l'argent en lui laissant un objet de valeur comme garantie.

Prix Nobel Récompense internationale accordée chaque année à des personnes ayant œuvré pour la paix, la littérature ou les sciences.

République démocratique Forme de gouvernement dans lequel le peuple élit les dirigeants (au lieu d'être gouverné par un roi, une reine ou un empereur).

Sacré Qui a une valeur religieuse et doit être respecté.

Sikhs Adeptes du sikhisme, l'une des quatre grandes religions de l'Inde, qui apparut au XVe siècle au Pendjab.

Pour en savoir plus

Inde, B. et N. Ardley, Pays et peuples, Hachette, 1984.

Les grandes religions, G. Makhlouf, L'Histoire des hommes, Casterman, 1986.

Les grandes puissances asiatiques depuis 1945, De Lee/Carlier, Conflits du XXe siècle, Gamma-Trécarré, 1990.

L'Inde - Séduction et tumulte, D. Cruse, Autrement, mai 1985.

L'Inde du Nord, Bonn/Möller, MA Guides, 1990.

Crédits photographiques

Toutes les photos ont été prises par Jimmy Holmes à l'exception des suivantes : p. 10, The Bridgeman Art Library ; pp. 41 (en bas à droite), 44 (haut), Chapel Studios Picture Library ; p. 18 (bas), Bruce Coleman Ltd ; p. 15 (en haut à droite) David Cumming ; p. 30 (haut) Chris Fairclough Colour Library ; pp. 14 (bas), 24 (haut), 32 (bas), 42 (haut) Hutchison Library ; pp. 13 (bas), 15 (bas), 33 (gauche), 36, 37 (bas), 38, 39 (bas), 40, 42 (bas), 43, Ann and Bury Peerless ; pp. 3, 17 (bas), 18 (gauche), 20, Wayland Picture Library ; pp. 8, 9 (haut), ZEFA. Toutes les illustrations sont de Peter Bull.

Index

Administration britannique 10-11, 16, 19
Agriculture 7, 20-21, 34-35
Akbar 10
Alphabétisation 26
Anglais, langue 16-17
Animaux 8-9
Aryens 10, 16, 46

Bangladesh 4-5, 11, 45
Bengale 15, 33
Blé 7, 28, 34
Bombay 19, 31, 39
Bouddhistes 13

Cachemire 7, 34, 45
Calcutta 16, 18-19, 31, 37, 39
Caste 12, 46
Chemin de fer 38-39
Chrétiens 13
Cinéma 31, 33
Climat 6-7, 35
Cocotiers 7
Commonwealth 11, 46
Compagnie des Indes orientales 10
Coton 35
Courses hippiques 31
Cricket 30-31
Cultures 20-21, 34-35
Curry 28

Danses 32-33
Delhi 19, 39, 42-43, 45
Devises 16
Dravidiens 10, 16, 46
Désert du Thar 7, 20

Éducation 23, 26-27
Emploi 21, 23, 25, 44
Énergie hydroélectrique 37, 46
Énergie nucléaire 37
Épices 7, 28
Exportations 35, 37

Faune et flore 8-9
Films 19, 33
Football 31
Forêts 7, 9

Gandhi, Mahatma 10-11
Ganges 7, 13
Gaz 37
Golf 31
Gouvernement 8, 10, 19, 25, 26, 35, 41, 42-43, 45

Hardwar 13
Himalaya 6, 21, 30
Hindi, langue 16-17
Hindou, peuple 11, 13, 45
Hindoue, religion 9, 10-11, 12-13, 46
Hockey 30
Hôpitaux 40-41

Îles Andaman 5
Îles Laquedives 5
Îles Nicobar 5
Inde
    histoire 10-11
    indépendance 11, 16, 40, 46
Industrie 19, 36-37
Islam 10-11, 13, 46

Juifs 13
Jute 35

Kumbha Mela 13

Langues 16-17
Littérature 33
Logements 22-25

Madras 32
Mahabharata 33
Maladies 40
Minerais 37
Moghols 10, 33, 46
Mousson 7, 21, 25, 35, 46
Musulmans 10-11, 13, 45, 46

Nourriture et boissons 28-29

Pakistan 5, 11, 45
Parlement 19, 42-43
Parsis 13
Pauvreté 20-21, 24-25, 35, 45
Peinture 33
Pendjab 13, 15, 34, 45

Pétrole 37
Plateau du Deccan 7
Pluies 7, 21, 25, 35
Poésie 33
Polo 31
Population 5, 40-41, 44-45
Premier ministre 11, 43
Président 43

Rajasthan 14, 15, 20, 38
Ramayana 33
Ray, Satyajit 33
Religions 12-13
Riz 21, 28, 34, 35

Santé 40-41
Scolarité 23, 26-27
Sikhs 13, 15, 45, 46
Sports 30-31

Tagore, Rabindranath 33
Taj Mahal 11, 33
Temples 13, 32
Thé 7, 29, 35
Trains 4, 39
Transports 4, 38-39
Travail 20, 23, 25, 44-45

Usines 37

Vaches 9
Vallée de Damodar 37
Vêtements 14-15
Vie familiale 17, 21, 22-23, 24-25, 26, 45
Vie rurale 20-21, 22-23, 27, 34-35
Villes 7, 18-19, 24-25, 27, 31

Yoga 13